Vicente Ibáñez Esquembre

APULEYO EDICIONES   FOMENTO DE VALORES   CUENTOS ILUSTRADOS

El viejo de la Cumbre

APULEYO EDICIONES   FOMENTO DE VALORES   CUENTOS ILUSTRADOS

Este cuento nació por y para mi hija Ainsa,
con todo mi cariño.

Como cada año, el bosque por estas fechas comenzaba a recogerse en sus abrigos naturales, porque ya pronto el frío se acercaba. Ya se presentía en el aire de qué forma el viento hería con su caricia. Las hojas de los árboles cubrían desde hacía días los suelos del bosque, con colores rojos y marrones que conseguían que el bosque desde lejos pareciese una alfombra de bellos y extraños colores.

Los animales se encerraban en sus pequeñas casas, que durante el verano habían llenado de alimentos para no pasar hambre durante el invierno, pues, como se sabe, durante esa estación los alimentos son pocos y están tan cubiertos por hojas y barro que es muy difícil poder encontrarlos.

En lo más profundo de ese bosque, cerca del río, vivía el pequeño topo Taqui. Su casa estaba en las profundidades de la tierra. Cada día salía para olisquear el aire y saber qué tiempo iba a hacer, pues lo que más temía el topo era que una fuerte y terrible tormenta se desencadenara sobre el bosque e inundara su casa. A veces, tenía miedo de que, si eso pasara, pudiera incluso ahogarle a él. Por ello, en esos días iba muy ajetreado buscando una casa más segura que la que ahora tenía.

Su problema es que no veía bien, porque los topos al vivir debajo del suelo los ojos los tienen siempre cerrados y no están acostumbrados a la luz del sol, que les molesta mucho. Así iba pensando en ello el topo Taqui, cuando se le ocurrió que, para solucionarlo, lo mejor que podía hacer era pedir consejo a su amigo el conejo Veloz.

Muy contento por su ocurrencia, se dirigió a la casa del conejo cantando y silbando de alegría pensando que ya había solucionado su gran problema. La casa de Veloz estaba en la base de un gran árbol, un olmo que se encontraba muy cerca del río, en una explanada rodeada de zarzales que protegían al conejo de sus enemigos más temibles: el zorro y el lobo.

En esos momentos Veloz se encontraba en el río pescando, cuando oyó la voz de Taqui que le llamaba:

—¡Conejo Veloz!, ¿dónde estás?

—¡Aquí, en el río! —contestó este.

Veloz se encontraba tumbado boca arriba, con los ojos cerrados y recibiendo en su cara los últimos rayos cálidos del sol. En su boca tenía un junco del río, que mordisqueaba, mientras su pierna derecha se balanceaba sobre la izquierda. Se le veía muy tranquilo y feliz.

Cuando el topo llegó a su lado, se sentó junto a él y comenzó a explicarle su problema. Antes de que hubiera terminado, el conejo le interrumpió diciéndole:

—No hables más. Tus problemas están resueltos.

—¿En serio? —preguntó extrañado Taqui.

—¡Seguro, seguro! Vas a tener la mejor casa de todo el bosque.

—¿De verdad? —dijo Taqui.

—Claro, porque te voy a regalar…, ¡la mía!

El topo se quedó con la boca abierta. No entendía nada. ¿Cómo era posible que, llegando el invierno, el conejo decidiera darle su casa? ¿Dónde dormiría él? ¿Dónde se recogería cuando nevará o cuando el río se desbordase por la tormenta?

Todas estas dudas se aclararon cuando el conejo, poniéndose de pie y desperezándose con los brazos estirados hacia el cielo, le dijo:

—¡Estoy harto del bosque! ¡Me voy!

El topo no podía dar crédito a lo que estaba oyendo. ¿Qué el conejo se iba a ir del bosque? ¡Eso no era posible! ¿Dónde iba a ir?

—Pero, Veloz —dijo al fin Taqui—, ¿dónde vas a ir? ¿Qué vas a hacer?

El conejo, quitándose lentamente el junco de entre los dientes y tirándolo al río contestó:

—Voy a subir a la montaña blanca en busca del Viejo de la Cumbre.

Al pequeño topo le tembló todo el cuerpo al oír aquel nombre, ¡el Viejo de la Cumbre! Cuando era pequeño, sus padres le contaban que el viejo vivía en la cumbre de la montaña más alta de todo el valle y que nadie que hubiera subido había sido visto de nuevo con vida. Por eso, se acercó a su amigo, le cogió de la mano y, muy nervioso, le gritó:

—¡Tú estás loco! De aquí no te mueves. Tu no vas a ningún sitio y menos a ver a ese maldito viejo.

—¿Por qué maldito? —preguntó el conejo.

—Pues, no sé muy bien por qué. Mis padres decían que es muy cruel, y que odia a todo el mundo —contestó Taqui.

—¡Paparruchadas, tonterías! ¡Eso son cotilleos de viejas tontas y de niños cobardes! Yo no tengo miedo a nadie y menos al Viejo de la Cumbre. Pienso que todo lo que se ha dicho de él no son más que mentiras —dijo Veloz—.

Además, él es el único que me puede ayudar.

—¿A qué te puede ayudar el Viejo de la Cumbre?

—¡A dejar de ser un conejo y convertirme en una persona!

El topo no podía creer lo que estaba oyendo. Su amigo debía haberse vuelto loco. Probablemente alguna baya venenosa del bosque, que se había comido sin darse cuenta, era la culpable de que estuviera diciendo todas esas tonterías.

—¿Pero qué tonterías dices? —preguntó Taqui—. ¿A convertirte en una persona?, pero ¿tú estás loco? Tú eres un conejo y siempre lo serás, quieras o no. Siempre tendrás que vivir en el bosque, comer raíces o zanahorias y tendrás que correr mucho para que tus enemigos no te zampen. No puedes dejar de ser un conejo. ¡Estás loco! ¡Anda, ve al médico Búho para que te cure de tu locura!

—¡No estoy loco! —contestó el conejo con un enorme grito.

Se había puesto tan nervioso y había gritado con tanta fuerza que, hasta su propio amigo, el topo se había escondido debajo de una hoja, por miedo a que le pegara o le lanzara una patada. Pero no, el conejo Veloz era muy bueno y quería mucho a sus amigos. Se tranquilizó y entonces, sentándose en una piedra,

le dijo al topo que saliera que le iba a contar
lo que iba a hacer. El topo salió, poco a poco,
se sentó junto a él y el conejo, tranquilamen-
te, con los ojos fijos en las nubes comenzó a
hablarle.

—Yo sé que el Viejo de la Cumbre tiene poderes. Puede hacer que un animal se convierta en persona y al revés, que una persona se convierta en el más repugnante animal, como un sapo o una cucaracha. —Acercándose al topo, el conejo le susurró al oído—: Tengo un libro viejo que me encontré debajo del árbol en donde yo vivo, que dice todo esto. Un día, buscando raíces, lo encontré. Y cuando lo leí, me quedé asombrado de que eso pudiera existir, por eso, estoy decidido a ser una persona. A cambiar esta piel de conejo por la piel sonrosada de un hombre y estas largas orejas por unas redondeadas y pequeñas.

—Pues yo las encuentro muy bonitas y sedosas —dijo el topo cariñosamente.

—¡Pero a mí no me gustan! ¡Quiero cambiarlas y voy a subir a la montaña, cueste lo que cueste! —dijo firmemente el conejo.

El topo se quedó mirándolo fijamente y, mientras el conejo comenzaba a recoger sus bártulos, Taqui, sin darse siquiera cuenta, comenzó a llorar dulcemente.

Cuando el conejo lo vio, se acercó a su amigo y cogiéndole de los hombros le preguntó por qué lloraba. El topo contestó:

—¡No lo sé! A lo mejor porque me gustaría acompañarte.

—¿Para qué? —preguntó Veloz.

—Porque a mí tampoco me gusta ser un topo. Tú, al menos tienes buenos ojos y ves a tus enemigos de lejos y tienes tiempo de esconderte. Sin embargo, yo no. Y soy tan pequeño que todos los animales mayores que yo me quieren comer. Soy feo, negro, gordo y tengo que vivir siempre escondido por miedo a todos los animales. Solo tú eres mi amigo y también me gustaría poder cambiar y ser distinto de lo que ahora soy. Ser, por ejemplo, un niño o un caballo, o un águila que vuele por los cielos y que no tema a nadie... Pero tengo miedo de emprender esa aventura contigo. Soy cobarde, veo poco y sé que me caería por un precipicio o en cualquier agujero.

Por eso lloro, porque te comprendo y me da pena no acompañarte.

El conejo escuchó en silencio al topo y tras pensar un rato le contestó:

—¡Vente conmigo! Yo te ayudaré a ser valiente y a saltar por los precipicios y por las grietas. Los dos subiremos a la cumbre.

—¿De verdad, me ayudarías a subir contigo?

—¡Pues claro que sí! ¿No somos amigos?

—Sí, pero seré una molestia para ti —contestó el topo.

—No te preocupes. ¿Sabes lo que haré? Pues como tú eres mucho más pequeño que yo, voy a coger mi mochila y me la pondré a la espalda. Tú te metes en ella y así podrás venir conmigo, sin miedo a los precipicios.

—Pero mi peso hará que tú vayas más despacio —dijo Taqui.

—No importa —dijo Veloz, sonriendo y abrazando a su amigo—. No tengo prisa, lo importante es que lleguemos, y si es juntos mejor.

El topo, muy contento, se abrazó a su amigo y de la alegría que tenía comenzó a llorar y a bailar al mismo tiempo.

—¡Para, para, tenemos muchas cosas que hacer! —Le retuvo el conejo.

Mientras se ponían a preparar las cosas para el viaje, el topo le preguntó:

—Oye, Veloz, ¿habrá muchos peligros en el camino?

—Probablemente sí, pero si alguien quiere algo importante, algo le tiene que costar, si fuera muy fácil todos los animales del bosque ya habrían hecho lo que vamos a hacer nosotros.

—¡Es verdad! Tienes toda la razón del mundo —dijo Taqui.

Siguieron haciendo los preparativos. Cogieron ropa de abrigo, pues en la montaña habría nieve y tenían que protegerse de ella; llenaron la mochila de alimentos, para que no les faltase en su ascensión a la cumbre; se pusieron unas buenas botas, para no herirse las patas, y cuando ya la noche se acercaba decidieron acostarse temprano en la casa del conejo, para poder descansar más y estar preparados para la gran y peligrosa aventura que iban a acometer.

Aquella mañana de invierno había amanecido limpia de nubes y de presagios de tormenta, lo que les parecía muy bien a nuestros dos amigos, pues así la caminata sería más cómoda. Desayunaron unas raíces tiernas y unas frescas bayas, y mirándose a los ojos, y tomando aire en su pecho, los dos animales emprendieron la marcha siguiendo el camino que iba cerca del río y que, junto a él, ascendía por aquella lejana montaña. Sabían que el río nacía de la montaña y que cuando llegaran a su origen, sería cuando tendrían que buscar al Viejo de la Cumbre.

Silbando iban, caminando uno junto a otro, subiendo con alegría las cuestas más empinadas y los trechos más difíciles. El topo iba con una cuerda en su cintura atada, llevándola el conejo en la mano. Como Taqui veía poco, cuando se encontraban una piedra o cualquier problema en el camino el conejo se lo avisaba con tiempo:

—¡Cuidado, Taqui! —decía, por ejemplo, el conejo—. Hay un charco en medio del camino. Arrímate a la piedra y así no te mojarás. —O le decía—. ¡Ten cuidado, Taqui, hay una piedra a la derecha, vete a la izquierda!

Así iban caminando y, poco a poco, a medida que el día se iba terminando, se iban encontrando más y más cansados. Cuando empezó a atardecer, decidieron descansar de su caminata y comer los alimentos que llevaban en la mochila, pues tanto ejercicio les había abierto el apetito. Buscaron un sitio cómodo y allí, sacaron los víveres y empezaron a comer. Debió ser por el olor que los alimentos despedían o porque se encontrasen casualmente por aquellos parajes que, en la oscuridad de los árboles, aparecieron unos ojos amenazadores que fueron acercándose al campamento de los dos amigos.

Sus pisadas eran silenciosas y andaba despacio para que no se dieran cuenta los dos animales. Se trataba de un lobo enorme, gris y fiero, con las puntas de sus enormes orejas tiesas y su pelo erizado, dispuesto a lanzarse sobre el conejo para devorarlo en pocos minutos.

Nuestros amigos estaban tan cansados que lo único que les importaba en aquellos momentos era dormir. No hacían caso a que los ruidos de los pájaros habían desaparecido y que hasta las ranas del río habían dejado de croar. Veloz, poco a poco, fue cerrando los ojos y a los pocos minutos se quedó dormido.

El lobo que lo observaba se relamía de gusto pensando que dentro de poco saltaría sobre él y que al estar dormido no podría escapar. Sin embargo, Taqui, que estaba más acostumbrado a los ruidos, aunque también estaba muy cansado se estaba dando cuenta de que algo extraño ocurría. Intentó escuchar los ruidos de la noche, pero, para su sorpresa, no los oyó, y él sabía que cuando eso pasaba era que algo o alguien se acercaba. Fue hacia el conejo y comenzó a moverle y a llamarle:

—¡Veloz, Veloz!, algo ocurre.

—Déjame dormir, por favor, que estoy muy cansado —dijo Veloz.

—¡Escúchame, escúchame, algo se acerca! — insistió el topo.

El conejo abrió un ojo, miró a su alrededor y, súbitamente, se dio cuenta de que estaban en peligro. Miró hacia todos lados y, a su derecha, vio brillar los ojos del lobo, gracias a los rayos de la luna que brillaban como luces en aquella noche. Cogió al topo y lo metió en su mochila. En el preciso momento en que el lobo salía de su escondite con un salto y un horrible rugido, el conejo intentó subirse al árbol más cercano de un salto, pero el lobo, con sus uñas, agarró la correa de la mochila y el conejo dio con su cuerpo contra el suelo. Cuando ya el lobo se acercaba con su boca babeando y enseñando sus terribles colmillos, dispuesto a destrozar al conejo con sus dentelladas, el pequeño topo, que había sido lanzado fuera de la mochila en la caída, comenzó a echar con sus poderosas patas tierra hacia los ojos del cruel lobo, con tanta fortuna que le acertó en su disparo y el lobo comenzó a chillar y a restregarse los ojos, pues no podía ver. En esos instantes, aprovechándose de la confusión del lobo, se cogieron los dos amigos de la mano, agarraron la mochila y subieron rápidamente a lo más alto del árbol; mientras, el lobo se dirigió corriendo al río, metió la cabeza dentro del agua para quitarse la tierra y, cuando la sacó, era terrible el aspecto que tenía su cara.

Sus ojos estaban rojos de las heridas de la tierra al habérselos restregado con tanta fuerza. Sus colmillos brillaban a la luz de la luna, y una mirada de fiereza y de terrible crueldad asomaba a sus fauces. Rápidamente, comenzó a buscar a nuestros amigos. Se fue a donde poco antes habían estado y comenzó a oler el suelo. Guiándose por el olor del topo y del conejo, comenzó a dirigirse lentamente hacia el árbol en donde estaban escondidos. Cuando el lobo llegó al pie del árbol, miró hacia arriba y allí en una rama, los dos amigos estaban temblando de miedo abrazados y cogidos a una rama.

El lobo empezó a intentar subir al árbol, primero, con saltos, pero no podía porque pesaba mucho. Después, comenzó a dar golpes con su cuerpo para hacer temblar las ramas y provocar que nuestros amigos cayeran al suelo. Taqui y Veloz, se agarraron fuertemente a la rama, adivinando las intenciones del lobo.

Pasaron las horas lentamente y el lobo no cejaba en su empeño. Incluso se fue del árbol para hacer creer a los dos amigos que se había cansado, pero no, se había quedado cerca observando al árbol entre los arbustos, para ver si caían en la trampa, bajaban del árbol y así poder devorarlos.

Pero Veloz era muy listo y sabía de las trampas de los lobos. Se quedaron sin moverse durante toda la noche, durmiendo en la rama. El lobo, aunque no quería, fue poco a poco cansándose de la espera y comenzó a dormirse. Al rato roncaba con gran estrépito. El conejo que estaba alerta le dijo al topo que aún dormía:

—Topo, topo. Prepárate que nos vamos —dijo, hablando muy bajito.

—¿Y el lobo? —contestó temeroso el topo.

—Ahí abajo, durmiendo.

—¿Y quieres que bajemos?

—Claro —contestó Veloz—. No nos vamos a quedar en esta rama toda la vida, ¿no crees? Además, tenemos que correr ese riesgo. Así que vamos a planearlo bien. Vamos a bajar por el lado contrario del árbol, para que no nos vea bajar si abre los ojos. Cuando lleguemos abajo, métete en la mochila porque inmediatamente voy a empezar a correr..., ¡y procura agarrarte bien!

—Veloz —dijo el topo—, ¡tengo miedo!

—Mira este, y yo también —contestó el conejo y continuó— ¡Anda, prepárate!

Y los dos amigos comenzaron a bajar muy lentamente del árbol procurando hacer el mínimo ruido posible. Cuando estaban a punto de llegar al suelo, el topo, que no vio bien un pequeño saliente del árbol, tropezó y cayó ruidosamente al suelo.

¡El lobo se despertó! El conejo cogió al topo, lo metió en su mochila y de un gran salto comenzó a correr. Con el aliento del lobo salpicando sus orejas, corría y corría, y cada segundo el lobo se acercaba más y más. El topo, que iba a la espalda del conejo metido en la mochila, podía ver como el lobo les perseguía, y lloraba del miedo que tenía. Al doblar un recodo, el conejo tropezó y rodó por el suelo.

El lobo que lo vio abrió la boca pensando que ya eran suyos, pero el conejo se dejó rodar por la montaña y fueron dando tumbos hasta caer dentro de unos zarzales. El lobo que iba tan rápido no pudo detener su carrera y, chillando por el aire mientras caía, fue a clavarse sobre las afiladas espinas de los zarzales, donde entre horribles aullidos murió.

A los pocos minutos los dos amigos salieron del zarzal, se quedaron mirando el cuerpo muerto del lobo y, dándose la mano por el valor que habían demostrado tener, emprendieron la marcha hacia la cumbre de la montaña.

La ascensión de la montaña estuvo llena de peligros y fue muy difícil de realizar. Unas veces eran piedras que desde la cima se desprendían o precipicios por los cuales Veloz tenía que pasar con mucho cuidado. En los momentos en que el peligro era mayor, el topo se subía a la mochila, se encerraba en ella y no salía hasta que el conejo le avisaba.

Cuando llevaban ya varios días de ascenso, hubo un momento en que el camino ya no se veía. Las piedras, las tormentas de nieve habían destrozado y ocultado el camino que ellos seguían. Se detuvieron y, sentándose en una piedra, pensaron qué hacer, qué dirección tomar. El frío ya era muy intenso porque estaban cerca de la cumbre y la nieve lo rodeaba todo. Se habían puesto ropa de más abrigo y, aun así, tiritaban de frío. El topo cansado a más no poder, sentado en aquella piedra y con el cuerpo helado, empezó a lamentarse:

—¡No tenía que haber venido! Con lo calentito que estaría en mi casa del bosque y no aquí, donde todo es nieve y hielo y no hay ningún sitio en donde poder refugiarnos. Pobre de nosotros, moriremos de frío y nunca encontrarán nuestros cuerpos pues la nieve los cubrirá... ¡Ah, ah! —Lloraba el topo desconsolado.

El conejo no hacía más que mirar a su alrededor y pensar en escapar de la noche helada que, poco a poco, iba dejándose caer sobre la montaña. Si no encontraban pronto un refugio morirían de frío. Mientras pensaba en esto, el topo seguía llorando. Al fin, Veloz no pudo aguantar más y dirigiéndose a Taqui le dijo:

—¡Ya está bien! Eres un animal débil y cobarde. Nadie te obligó a venir. Bájate a tu querido bosque, ve a tu casa y sigue siendo toda tu vida un triste y pobre topo que algún día alguna lechuza hambrienta se comerá. Yo voy a seguir hasta el final, quiero conseguir lo que me he propuesto, ¡y para ya de llorar! —le gritó Veloz.

El topo se enjugó las lágrimas y dejó de llorar. El conejo se alejó unos metros de donde estaban detenidos y, a lo lejos, al mirar detenidamente le pareció ver, al pie de una gran roca, un agujero.

—¡Taqui, Taqui, ven aquí! —llamó el conejo.

—¿Qué pasa, Veloz?

—¿Ves a lo lejos, en aquella roca, un agujero o son imaginaciones mías?

El topo, el pobre, que tenía peor vista que el conejo, no hacía más que mirar y mirar, pero no veía ningún agujero, ni siquiera veía la roca. Después de unos segundos de estar mirando le contestó:

—Pues no sé, Veloz. Yo no veo gran cosa, como bien sabes. Así, que si tú lo crees dirijámonos hacia allí antes de que la noche nos tape y muramos helados.

Aceptando el consejo, cogieron la mochila, el topo se metió en ella, pues así estaba más calentito, y el conejo y su carga se dirigieron con gran esfuerzo hacia aquella roca que parecía verse a lo lejos.

Cuando ya llevaban un buen rato de camino y Veloz ya estaba convencido de que se había equivocado, vio el agujero. Lleno de alegría se puso a dar saltos y a gritar con tanto entusiasmo que el pobre topo, que se había dormido, salió, con aquellos saltos tan enormes del conejo, despedido fuera de la mochila y fue a dar contra el suelo.

—Cielos, ¿qué pasa? Menudo golpe me has dado conejo —dijo el topo frotándose el trasero.

—¡Perdona, Taqui! Pero mira hacia delante, hemos encontrado el agujero —contestó el conejo.

Los dos amigos se refugiaron inmediatamente y a punto lo hicieron, porque ya era noche cerrada y empezaba a nevar copiosamente. Los dos animales se taparon con sus abrigos, se juntaron para darse calor mutuamente y, al cabo de unos minutos, estaban durmiendo. Mientras, fuera, la nieve copiosa comenzaba a llenar las rocas y los escasos árboles pelados que había. Toda la montaña se vistió de blanco. Dentro de aquel pequeño agujero, dos valientes animales dormían esperando que el nuevo día les trajera cumplidas sus ilusiones.

Pasó la noche y los primeros rayos del sol que entraron por el agujero, despertaron a nuestros amigos, que inmediatamente quisieron salir de su cobijo para ver donde estaban y si aún les faltaba mucho trecho. Pero su sorpresa fue grande al ver que la entrada del agujero había sido tapada, casi totalmente, por la nieve caída durante la noche. Se quedaron con la boca abierta. ¡Ahora sí qué estaban arreglados! ¿Cómo saldrían?

Desesperados, se sentaron en el suelo, viendo, por el pequeño agujero que quedaba sin cubrir en lo alto de la cueva, un maravilloso cielo azul limpio de nubes.

El conejo se quedó pensando y dijo:

—El agujero es demasiado pequeño para mí, yo no quepo y no podré salir de la cueva. Pero... —Se quedó un momento pensativo y de pronto exclamó—. ¡Claro, eso es! Tú sí que cabes, Taqui, ¿no?

—Pues sí —respondió el topo—, ¿y qué?

—Pues que vas a salir, y yo te daré algo con lo que a lo mejor nos podemos salvar.

—¿Qué es lo que me vas a dar? —preguntó extrañado Taqui.

—Pues mira, cuando salí de mi casa cogí varias cosas por si nos hacían falta. Y entre ellas cogí una cuerda, un clavo y un trozo de cristal.

—¿Y qué quieres que haga con todo ello?

—Solo quiero darte el cristal, Taqui —dijo alegre el conejo.

—¿Para qué quiero un cristal, para mirarme la nariz? —contestó Taqui.

—¡No, tonto! Mira, cogerás el cristal y, cuando el sol esté en lo alto, harás que los rayos que se dirijan hacia la cueva pasen a través del cristal. Entonces, ya verás, como, si tenemos suerte, el cristal hará que la nieve se derrita rápidamente.

—¡Es verdad, que listo eres! Como si fuera una lupa..., ¿no?

—¡Eso es topo! Anda, trepa por la nieve, toma el cristal y haz lo que te he dicho.

Así fue. El topo cogió firmemente el cristal entre sus patas y, trepando por la nieve, salió de la cueva. Se puso al lado del agujero y, cerrando los ojos porque el sol tan intenso le molestaba, puso el cristal dirigido hacia la entrada de la cueva. A los pocos minutos el calor del sol a través del cristal empezó a surtir efecto y la nieve poco a poco comenzó a derretirse. Cuando ya hubo un agujero más grande, el conejo salió corriendo por él y los dos amigos se cogieron de las manos y comenzaron a bailar de alegría.

Habían pasado unos momentos de mucho peligro, pero la inteligencia del conejo y la ayuda del topo les hicieron salir victoriosos. Ya quedaba poco para llegar a la cumbre, y el conejo y el topo a cada momento se ponían más nerviosos por la impaciencia que les llenaba.

Al cabo de unas horas llegaron a la cima. Todo era muy hermoso. Desde allí, podían ver todo el valle, y más y más valles a lo lejos. Se quedaron admirados de tanta belleza, algo que nunca, en su oculto bosque, habían conocido.

Se sentaron y, calientes por el sol de aquella mañana, se pusieron a mirar a su alrededor, asombrándose de todo lo que veían. Los rayos del sol, haciendo nacer de la nieve reflejos de mil colores a cuál más bonito. Las nubes, tan limpias y tan cerca de ellos que parecía que las pudieran coger.

Cuando pasó un buen rato, el conejo se levantó decidido y exclamó:

—¡Bueno, y ahora a buscar al Viejo de la Cumbre!

Y, cogiendo su mochila y metiendo en ella al topo, se dirigió hacia un montón de rocas altas y afiladas que se veían cerca de allí. Cuando llegaron, cerca de las rocas, vieron una gran entrada que pensaron que sería el camino que los llevaría al Viejo de la Cumbre.

Siguieron el camino durante un buen rato, admirados de todo lo que veían. Las paredes estaban cubiertas de esmeraldas y rubíes que brillaban como si fueran fuego. Los techos de la cueva resplandecían, pues eran de oro, y cerca de ellos corría un riachuelo cuyo rumor sonaba como música. Se hubieran quedado allí observándolo todo durante todo el día, pero tenían que seguir.

Al poco rato vieron unos escalones que llevaban a un puente que cruzaba el río y a lo lejos un camino de plata y junto al puente un cartel que decía así:

ESTE ES EL PUENTE DE LA VERDAD! SI QUIE-RES CONSEGUIR LO QUE DESEAS SER ATRÉ-VETE A PASARLO, LO QUE AL OTRO LADO TE ESPERA NO LO SABRÁS, PERO SI TIEMBLAS, MORIRÁS. MUCHO TE HA COSTADO LLEGAR HASTA AQUÍ, SI TEMES MORIR, DETÉN TU PASO Y POR TU ESFUERZO UN DESEO TE CON-CEDERÉ.

Los dos amigos se quedaron boquiabiertos. El topo se puso a temblar de miedo y a mirar hacia todas partes esperando ver aparecer, en cualquier momento, al terrible Viejo de la Cumbre.

El conejo, una vez que hubo leído el mensaje se quedó muy serio y pensativo y mirando al topo le preguntó:

—¿Qué te parece? ¿Tú, qué vas a hacer?

¿Que qué voy a hacer? Pues irme de aquí rápidamente. Esto me da mucho miedo. Por supuesto, no pienso atravesar el puente, por nada del mundo —contestó Taqui—. Y tú, ¿qué piensas?

—¡Yo, voy a pasarlo! —dijo Veloz.

—¡Estás loco! No sabes qué horribles cosas te pueden suceder al otro lado del puente —exclamó Taqui.

—¡Es igual, estoy decidido a hacerlo! —dijo el conejo.

—Pues yo me quedo. Al fin y al cabo, aquí dentro se está protegido y no hace frío —dijo el topo contento de la decisión que había tomado.

—Lo lamento, Taqui. Me hubiera gustado que siguieras a mi lado, pero acepto tu decisión. Lo mejor, pues, es que nos despidamos.

—Pero espera, ¿te acuerdas de lo que dice el aviso? Que puedes pedir un deseo, ¿no?

—¡Es verdad! —exclamó el topo—. Lo había olvidado.

—¿Y qué vas a pedir? —le preguntó Veloz.

—Pues... ¡Ser un águila, como quería ser!

—¡Pues hazlo! Anda, pídelo en voz alta a ver qué pasa.

El topo se puso de pie y gritó:

—¡Quiero convertirme en un águila, para volar por los cielos!

Al poco tiempo, se dieron cuenta que habían aparecido unas letras brillantes en el techo de la cueva que decían:

¡POR LOS CIELOS VOLARÁS, PERO TAN SOLO PALOMA SERÁS!

Los dos se miraron tristemente, pero en seguida el topo se alegró y dijo:

—Es igual, estoy contento. Por lo menos podré ver cosas hermosas y volar libremente por el cielo. Ya nunca tendré que esconderme debajo de la tierra y dormir temeroso de la lechuza o el zorro. —Y abrazando a su amigo y con lágrimas en los ojos le dijo—: ¡Conejo, eres muy valiente! Espero que tú consigas lo que deseas. Me voy, ten mucho cuidado y espero que algún día nos encontremos de nuevo.

El conejo y el topo se dieron un gran abrazo y la emoción llenó sus ojos que se cubrieron de lágrimas. Tras un largo abrazo los dos se separaron y saliendo de la cueva, el topo cerró los ojos y de repente se comenzó a observar una transformación en él. Sus patas delanteras, se fueron alargando y las traseras haciéndose más delgadas y pequeñas.

Su cuerpo comenzó a cambiar de color, pasando del oscuro y feo que tenía a un blanco parecido a la nieve que le rodeaba.

En pocos minutos su cuerpo se cubrió de plu-
mas. Su boca se convirtió en un pequeño pico
rojo y un suave viento alzó el cuerpo de Taqui,
que rápidamente se elevó por el cielo perdién-
dose entre las blancas nubes.

El conejo se quedó mirando por donde su amigo se había ido y enjugándose las lágrimas, exclamó como para darse ánimos:

—¡Bueno, ahora adelante, Veloz! ¡Ten valor y fortuna!

Y subiendo los escalones, comenzó a atravesar lentamente el puente de madera.

Al llegar al camino de plata, el conejo se paró un momento, indeciso de la dirección a tomar, pues de aquel camino surgían cuatro caminos diferentes que se perdían a lo largo de aquella enorme cueva.

Tras un buen rato meditándolo, se decidió a probar suerte y eligió el camino de su derecha. Nada más dar la primera pisada, todo a su alrededor cambió. Desaparecieron el camino de plata y las joyas de las paredes. La hermosa luz que hacía un momento todo lo llenaba, se tornó en una espesa niebla que parecía querer llenar hasta sus pulmones.

Se dio cuenta de que había elegido mal. Pero decidido y dispuesto a todo, emprendió la marcha, sin saber a dónde le llevarían sus pasos.

Al rato de estar andando, llegó a un pequeño lago, de agua turbia y negra, en donde se preguntó qué raros animales debían vivir en su fondo.

Se acercó a la orilla y, mirando a lo lejos, divisó una luz en el otro lado de aquel pestilente lago.

Buscó detenidamente a su alrededor y vio, cerca de él, una frágil barquilla hecha de ramas y hojas. Se subió en ella y, con el débil palo que hacía de remo, comenzó temeroso a remar hacia el centro del tenebroso lago.

Cuando pasaron unos minutos, algo empezó a moverse debajo del agua. Unas olas comenzaron a formarse a su alrededor y a salpicar su embarcación. Todo comenzó a moverse bruscamente al tiempo que una extraña y terrible voz se oyó retumbar en aquella caverna: «¡Aléjate de aquí porque el peligro es grande, aléjate de aquí si aún quieres vivir!».

El conejo, con los ojos cerrados y el cuerpo tembloroso, cogió el remo dispuesto a hacer caso a aquella terrible voz.

Ya remaba en dirección contraria cuando, levantándose firmemente sobre sus dos patas, exclamó:

¡No, no me iré! Mucho he sufrido para llegar hasta aquí, y ninguna voz amenazante me va a asustar.

Cogió el remo con fuerza y, dando la vuelta, siguió remando en dirección a la luz, dispuesto a enfrentar cualquier peligro que viniera. A los pocos segundos algo comenzó a alzarse del agua. Una horripilante figura, mitad serpiente, mitad sapo, se fue elevando hasta alcanzar una gran altura.

Abriendo la boca, expulsó un chorro de fuego hacia el techo de la cueva al tiempo que gritaba:

¡Tú lo has querido, estúpido conejo! ¡Te voy a asar con mi potente fuego como si fueras la hoja de un árbol!

El conejo, valientemente se fue acercando a la boca del monstruo y, cuando este estaba dispuesto a lanzar su fuego, cogió el remo y se lo metió en la boca poniéndoselo de pie entre la lengua y el paladar, de forma que el monstruo no podía cerrar la boca ni mover su afilada y peligrosa lengua. El monstruo comenzó a gritar estruendosamente, mientras intentaba quitarse el palo de la boca, moviendo esta de un lado hacia otro furiosamente. Pero el palo estaba bien situado y mientras el monstruo seguía intentándolo, Veloz, con las manos como si fueran remos, se fue poco a poco acercando a la orilla en donde se encontraba la luz blanca.

Cuando faltaban unos pocos metros para alcanzar su objetivo, el monstruo se desembarazó de su trampa y echando fuego y rugidos se dirigió rápidamente tras el conejo que, velozmente, ganó la orilla de un gran salto y corrió a refugiarse detrás de una gran roca. Allí se quedó el monstruo chillando y dando golpes al agua, preso de la mayor rabia que podáis imaginar. El agua saltaba como si fueran géiseres, y sus rugidos hacían temblar el corazón del pequeño pero valiente conejo Veloz.

Al poco rato el monstruo desapareció y el conejo dirigió sus pasos hacia la luz blanca que salía de una pequeña cueva. Al penetrar en ella, el ambiente cambió de nuevo. Todo a su alrededor estaba lleno de espejos de hielo que reflejaban su imagen una y mil veces. No se veía puerta alguna, el conejo comenzó a pensar en la forma de salir de allí. Cogió el clavo que había traído consigo y lo arrojó hacia uno de los espejos. Se quedó asombrado cuando vio que el clavo no se estrellaba contra el hielo, sino que desaparecía cayendo hacia un profundo y negro precipicio.

Se dio cuenta que todos menos uno de los espejos eran terribles trampas. Que uno de ellos tenía que ser la puerta de entrada. Así que se sentó en medio de aquella enorme habitación de hielo, esperando tener alguna idea que le librara de una muerte segura si no adivinaba cuál era la entrada.

No tenía objetos con los cuales ir tirando a los falsos espejos, pues solo le quedaba un trozo de cuerda y no se le ocurría qué hacer con ella, de qué forma le podría servir.

Al fin, se le ocurrió algo. Cogió la cuerda, le hizo un nudo en la punta y acercándose a los espejos comenzó a lanzarla hacia ellos sin soltarla de su mano que la agarraba firmemente, viendo cómo uno tras otro, los espejos de hielo desaparecían al contacto con la misma, dejando ante su vista espantosos abismos, a cuál peor. Cuando solo faltaban tres espejos, de repente, al golpear uno de ellos se oyó un sonido como de cristal. El espejo comenzó a abrirse dejando ver un pasillo luminoso por el cual el conejo comenzó a caminar.

Todo a su alrededor brillaba. Notaba una temperatura cálida que le hacía sentirse relajado y en paz. Siguió caminando y al poco rato, llegó a una amplia sala en medio de la cual, se encontraba el que sin duda alguna debía ser ¡el Viejo de la Cumbre!

Era un hombre viejo, de larga y cuidada barba que le llegaba hasta el pecho. Estaba sentado en una silla de cristal y en su mano derecha había un palo, una rama pulida de un roble. Su mirada era amigable y su sonrisa le dio la confianza para sentirse tranquilo, sin miedo alguno.

El conejo se fue acercando despacio y cuando tan solo estaba a unos pocos metros de él, se paró y preguntó:

—¿Eres tú el Viejo de la Cumbre?

—Sí! —contestó el viejo—. Yo soy. ¿Qué es lo que deseas?

El conejo tragó saliva y continuó hablando:

—He hecho un largo viaje y he pasado muchos peligros para poder pedirte un deseo. Según he leído en los antiguos libros del bosque, tú tienes el poder de convertir a las personas en animales y a estos en personas. ¿Es eso verdad? —preguntó el conejo.

El viejo se quedó callado observando a Veloz y en vez de responder a su pregunta le dijo:

—Has pasado muchos peligros para pedirme un deseo. ¿Tan importante es para ti ese deseo que has estado a punto de perder la vida por él?

—¡Sí! —contestó Veloz—. Es muy importante.

—¿Y cuál es ese deseo?, si puedo saberlo —preguntó extrañado el Viejo de la Cumbre.

—¡Quiero ser una persona! No quiero ser más un conejo débil, siempre perseguido, durmiendo en agujeros y comiendo raíces.

—Y, ¿para qué quieres ser una persona? —preguntó extrañado el viejo.

—Para no tener miedo. Para no ser un frágil y cobarde conejo que cualquier animal sea capaz de asustar, y que me haga refugiarme temeroso en mi madriguera. Quiero ser persona y así tener fuerza para poder luchar y vencer a quien yo quiera —finalizó el conejo con gran nerviosismo.

El Viejo de la Cumbre se quedó mirando al conejo fijamente, tras observarlo y pensar un buen rato, le dijo:

—Mira, conejo. Soy muy viejo. He vivido mucho y he conocido a muchas personas y a muchos animales que han venido a buscarme para poder cambiar. La mayoría han muerto en el camino, pues las pruebas eran terribles. Unos, despeñados por la montaña o comidos por los lobos. Otros, helados en la nieve o cubiertos por las rocas que se desprenden a cada momento en esta montaña, y otros comidos por el dragón del lago. Pero ninguno ha llegado hasta la montaña y ha vencido a todos sus enemigos de la forma tan valiente e inteligente en que tú lo has hecho. ¿No crees que alguien capaz de hacer lo que tú has hecho, se debería sentir orgulloso de ser como es?

El conejo se quedó con la boca abierta. No había pensado en ello. No se acordaba de lo inteligente que había sido para librarse del lobo, del frío, o de la cueva que fue tapada por la nieve. Comenzó a recordar todo lo que había superado, de cómo venció al dragón o cómo se libró de los precipicios; y, de pronto, de forma lenta, algo hermoso comenzó a nacer dentro de él. Comenzó a sentirse completo, lleno de orgullo y valentía. Capaz de las más hermosas aventuras y de afrontar los mayores riesgos.

Se dio cuenta de que ya no tenía miedo a nada ni a nadie.

¡Y comprendió que no necesitaba cambiar, pues estaba orgulloso de lo que era: un gran conejo, valiente y sabio!

Se quedó mirando al Viejo de la Cumbre que le observaba en silencio con una mirada cariñosa. Veloz comenzó a sonreír y acercándose al viejo, se subió en sus piernas y le dio en la mejilla un gran beso diciéndole a continuación:

—¡Tienes razón, Viejo de la Cumbre! El intentar conseguir lo que quería, enfrentándome a todo sin miedo, me ha hecho convertirme en lo que buscaba. ¡Qué bien me siento!

Y saltando de sus rodillas de un gran brinco, se puso a dar saltos bailando alrededor del Viejo de la Cumbre. Veloz se sentía feliz, pleno de vida. Sus ojos brillaban con aquel atardecer y los colores de la tierra inundaban sus pupilas, así como la alegría llenaba su alma.

Afuera, en aquel bello e inmenso valle, comenzaba a nevar suavemente y las luces de ese día, ya cansado, comenzaban a desvanecerse en un estallido de colores.

Dentro de la cueva, Veloz descansó finalmente de su peligroso viaje contento de ser un conejo y esperando el nuevo día para alegremente comenzar una nueva vida en el bosque hermoso de donde había venido, el bosque que le vio nacer.

Ya sin querer ser nada diferente a lo que era, pues había conseguido lo más hermoso que puede conseguir cualquier animal o persona, sentirse orgulloso y alegre de ser el mismo.

© Vicente Ibáñez Esquembre
©Apuleyo Ediciones 2024
Primera edición en Apuleyo Ediciones: diciembre 2024
Diseño de cubierta: F.J. Garrido Barroso
Corrección: Leonardo Leal
Maquetación: F.J. Garrido Barroso
Ilustraciones: Michelle Veneziano
Coordinación editorial: Isidoro Cidre González
info@apuleyoediciones.com
www.apuleyoediciones.com
ISBN: 978-84-1060-277-9
Depósito legal: H 292-2024

Hecho e impreso en España.